Werner Ehlen

Eucharistie feiern?

Kritische Anmerkungen zur

heutigen Form der Eucharistie

Impressum

Copyright © 2021 Werner Ehlen
Titelbild © Werner Ehlen
Herstellung und Verlag:
BoD – Books on Demand, Norderstedt
ISBN 9 783 75434 174 2

Bibliografische Information der Deutschen Nationalbibliothek: Die Deutsche Nationalbibliothek verzeichnet diese Publikation in der Deutschen Nationalbibliografie; detaillierte bibliografische Daten sind im Internet über dnb.dnb.de abrufbar.

Inhaltsverzeichnis

Vorwort

Ich bin kein Liturgiewissenschaftler, nicht einmal „Volltheologe",
sondern habe „nur" „Religionspädagogik und Kirchliche Bil-
dungsarbeit" studiert. Warum also nun auch noch ein Buch über
die Eucharistiefeier? Auf Grund meiner gut katholischen Soziali-
sation war ich seit meiner Kindheit jeden Sonntag im Gottesdienst, was in 60 Jahren schon das Erleben von 3000 Eucharistie-
feiern ergibt, darüber hinaus als Ministrant, Lektor, Kommunion-
helfer und Angestellter der Kirche sicher noch einmal an die 1000
Werktags-Gottesdienste. Das ist auf alle Fälle schon einmal ein
immenser Erlebnisschatz.

Dazu kommen zahlreiche liturgisch-theologische Fortbildungen
im Lauf der Jahre und nicht zuletzt meine intensive Beschäfti-
gung mit der jüdischen Pessach-Feier (die das Thema meiner Ab-
schlussarbeit im Studium bildete), die eine der Wurzeln unserer
gottesdienstlichen Feiern darstellt.

All das ist Hintergrund meiner – kritischen – Auseinanderset-
zung mit dem Vollzug der Eucharistiefeier, wie er sich uns heute
darbietet.

Grundsätzliches

Egal, wo man einen katholischen Gottesdienst mitfeiert, ob in Amerika, in China, Afrika oder Deutschland, man wird sich grob zurechtfinden und vielleicht sogar heimisch fühlen. Und das ist toll.

Es liegt daran, dass der Ablauf der Eucharistiefeier relativ streng vorgeschrieben und geregelt ist. Sowohl von den vier Grundelementen (Eröffnung, Wortgottesdienst, Eucharistiefeier, Entlassung) her als auch vom Ablauf innerhalb dieser Elemente. So gibt es eine vorgeschriebene Leseordnung für die drei Lesungen am Sonntag (in aller Regel eine aus dem Alten Testament, eine aus dem Neuen Testament und ein Evangelium, die sich in einem Drei-Jahres-Rhythmus abwechseln) genauso wie eine genehmigte Anzahl von Hochgebeten, andere Texte sind in der Liturgie dort nicht erlaubt, zum Beispiel leider auch nicht Texte in „einfacher Sprache".

Das hat wie gesagt viele Vorteile – als guter Kirchgänger weiß ich auch dann, wenn ich kein Wort der Landessprache verstehe, dass das jetzt das Vater unser ist, das gebetet wird und ich kann mir lange im Voraus anschauen, welche Bibeltexte an diesem Sonntag (oder Werktag) vorgeschrieben sind und diese in meiner Sprache zur Vorbereitung lesen.

Und gut ist natürlich auch, dass dadurch die Liturgie nicht beliebigen Vorlieben des Pfarrers unterworfen wird und man an Stelle von Bibeltexten evtl. nur noch Saint-Exupery hört.

Aber es hat auch Nachteile. Der offensichtliche Nachteil ist, dass dadurch alles sehr starr, unflexibel und oft auch langweilig wird, weil wenig Abwechslung möglich ist.

Der größere Nachteil ist, dass dadurch vieles auch schwer zu verändern ist. Das Argument „das war schon immer so" sticht halt leider noch immer oft. Eine Überarbeitung der Leseordnung, die eventuell leichter verständliche Lesungen mehr berücksichtigt, ist auf der Grundlage dieser Haltung nicht möglich, ebenso wenig wie eine Veränderung der Reihenfolge im Eucharistieteil, die auch von Liturgiewissenschaftlern durchaus für sinnvoll gehalten wird – siehe unten.

Vieles, was „besser" sein könnte, liegt dabei nicht einmal an der Amtskirche, sondern auch an der Trägheit des „Volkes Gottes", das sich oft zu gut eingerichtet und darüber vergessen hat, dass es ein auf Wanderschaft begriffenes, ein pilgerndes Volk Gottes ist. Und Wanderschaft und Pilgern hat viel damit zu tun, sich auf Neues einzulassen, offen für Veränderung zu sein.

Christentum und Kreuz

Wir beginnen unsere Gottesdienste mit dem Kreuzzeichen und beenden sie mit dem Segen, auch wieder in Form eines Kreuzzeichens. Dies kann man natürlich als Grundlegung unseres Glaubens, als das kürzest mögliche Glaubensbekenntnis verstehen: Zum einen an die Dreifaltigkeit Gottes, zum anderen auch als Hervorhebung der Bedeutung des Kreuzestodes Jesu.

Sicher alles gut gemeint und theologisch durchdacht. Aber doch auch irgendwie deprimierend. Das Zentrum, das Symbol unseres Glaubens ist ein Folter- und Todeswerkzeug! Natürlich bleibt unser Glaube dabei nicht stehen, es folgt die Auferstehung. Aber zu sehen ist davon erst einmal nichts.

Wie anders wäre unser Glaube, unser Auftreten, unser Selbstverständnis, wenn das Kennzeichen des Christentums nicht das Kreuz, sondern zum Beispiel der Gute Hirt wäre, wie wir ihn aus Abbildungen in den Katakomben der frühen Christen kennen? Wieviel „einfacher", lebensbejahender unser Gottesbild, wenn nicht der Opfertod (dazu später mehr) im Zentrum stünde, sondern die nachgehende Liebe Gottes?

So ist es auch nicht verwunderlich, dass die Kurzbeschreibung unseres Gottesdienstes die „Feier von Tod und Auferstehung Jesu" lautet.

Mir ist klar, dass man „DAS Zeichen" unseres Glaubens, das Kreuz, jetzt nicht einfach durch etwas anderes ersetzen kann. Aber vielleicht wäre es möglich, es etwas weniger zu betonen (Kreuzverehrung, Kreuzweg, Kreuzesnachfolge, Kreuzeshingabe, ...) und statt dessen die Botschaft Jesu (Nächstenliebe, den liebenden Vater-Gott, ...) mehr in den Mittelpunkt zu rücken.

Wir feiern Tod und Auferstehung Jesu Christi – eine fatale Engführung und Verkürzung nicht nur unseres Gottesdienstes, sondern vor allem auch der Bedeutung Jesu für unser Leben.

Nachfolge Jesu heißt für die Mehrheit der Christen heutzutage ja Gott sei Dank nicht mehr, sich der Gefahr auszusetzen, dass man für seinen Glauben verfolgt und ermordet wird. Und Nachfolge kann auch nicht heißen, dass wir auf unsere Auferstehung „hinarbeiten", dann dafür können wir nichts tun, dies liegt in Gottes Hand.

Nachfolge heißt schon immer, der Botschaft Jesu nachzufolgen, seinen Worten und vor allem auch seinem Tun nachzueifern.

Dies kommt zumindest in den bisher genannten Formeln der Eucharistiefeier aber nicht vor.

Opfer, Opfer und immer wieder Opfer

Zu Beginn des Gottesdienstes küsst der Priester den Altartisch. Laut offizieller Lesart soll dies ein Zeichen der Liebe zu Jesus Christus sein, da der Altar als Zeichen für ihn steht.

Abgesehen davon, dass dies schon sehr um drei Ecken gedacht ist, müssen wir uns fragen, auf welche Art und Weise der Altar Jesus symbolisieren kann. Und hier ist die Antwort relativ einfach: Der Altar ist ein Symbol für die Opferaltäre der grundlegenden religiösen Handlung der Tier- und Schlachtopfer.

Dass dagegen schon die Propheten des Alten Testamentes ankämpften, ist am Christentum spurlos vorübergegangen (siehe auch „Erlösung und Opfertod" in meinem Buch „Irrwege und theologische Sackgassen der kath. Kirche").

Und so symbolisiert der Altar in unseren modernen Kirchen den Opfertod Jesu am Kreuz und der Kuss des Priesters nichts als diesen einen Aspekt vom Wirken Jesu. Wieder eine bedauernswerte Engführung.

Verstärkt wird diese Engführung bei feierlichen Gottesdiensten noch durch den Weihrauch. Kostbarer Weihrauch als Zeichen der Wertschätzung gegenüber der Botschaft Jesu beim Evangelium – ja. Weihrauch beim Hochgebet zum Priester hin als Stellvertreter

Jesu – ja, noch mehr aber zum Volk hin, dem damit sein Anteil am allgemeinen Priestertum ins Gedächtnis gerufen werden soll. Weihrauch als Zeichen der Würde und Gottebenbildlichkeit eines jeden Menschen!

Aber beweihräuchern des (Opfer)Altars? Des Kreuzes? Während die Osterkerze – als Sinnbild der Auferstehung, aber auch als Sinnbild für das ganze Leben Jesu – im normalen Jahreskreis-Gottesdienst unangezündet und unbeachtet im Hintergrund steht? Dies ist meines Erachtens eine Schieflage, die durch die Konzentration auf den Opfertod Jesu zumindest verstärkt wird.

Für wen feiern wir eigentlich Gottesdienst? Nicht für Gott! Er braucht ihn nicht. Er soll uns gut tun, leben helfen, Kraft geben. Durch gute Gebete, vielleicht durch eine gute Predigt, durch Gemeinschaft, durch das Hören der biblischen Botschaft.

Aber nicht dadurch, dass wir eine Stunde unserer Zeit opfern oder sonst etwas. Das ist an der Liebesbotschaft Gottes vorbei gedacht.

Schuldbekenntnis und Opfer

Opfer und Schuld stehen natürlich in einem engen Zusammenhang, da wir ja meist opfern, um unsere Schuld zu tilgen. So ist es nicht verwunderlich, dass im Gottesdienst ziemlich am Anfang das Schuldbekenntnis steht. Nun ist es grundsätzlich natürlich gut und richtig, sich immer wieder einmal vor Augen zu halten, dass wir keine vollkommenen Menschen sind, dass wir fehlerhaft sind und auch schuldhaft handeln. Dies bewahrt uns vor einer ungesunden Selbstüberschätzung und Anmaßung.

Fraglich und zu hinterfragen ist allerdings, ob eine Fokussierung auf die Schuld der Persönlichkeitsentwicklung förderlich ist.

Und diese Fokussierung bestimmt das Christentum und auch den Gottesdienst wesentlich.

Kyrie – Herr, erbarme dich

Die Kyrie-Rufe sind ein gutes Beispiel, wie unverständlich die Liturgie ohne klärende Worte bzw. Anpassungen an die heutige Zeit sind.

Jemanden um Erbarmen anzuflehen, hat immer etwas mit Unterwerfung zu tun. Ich bin von der Gnade des anderen abhängig und bitte ihn um sein Erbarmen.

Natürlich ist dies für unsere Beziehung zu Gott vielleicht nicht grundfalsch – aber ist es das, was Jesus uns mit seinem Gottesbild des liebenden Vaters – Abba – nahebringen wollte?

Ursprünglich war der Kyrieruf eine Begrüßungsformel für den Kaiser. Es war eine Huldigung, durchaus auch ein Zeichen der Freude über sein Kommen.

Von dieser Freude ist in unseren Kyrierufen und in unserem Bewusstsein von „Herr, erbarme dich" wohl wenig zu spüren.

Symbole und Riten, die erklärt werden müssen, sind immer problematisch. Sie sind ein wenig wie ein Witz, der nicht „zündet", der nicht zu spontanem Lachen führt, sondern erklärt werden muss.

Gloria und Tagesgebet

Es folgt das Gloria, meist gesungen und mit ihm der erste Teil, in dem wirklich Freude und Dank zum Ausdruck kommen. Diese Freude und der Dank könnten und sollten im Tagesgebet, das das liturgische Tagesgeschehen ausformuliert, fortgeführt werden. Leider finden wir im Tagesgebet oft schon mehr Anklänge an das Bittgebet als an Freude und Dank.

Lesungen und Predigt

In den drei Lesungen aus dem Alten Testament, dem Neuen Testament und den Evangelien wird uns der biblische Tisch des Wortes reichlich gedeckt.

Leider oft mit „ungenießbaren oder zumindest sehr schwer verdaulichen Speisen".

Die wenigsten Lesungen, egal ob aus dem AT oder NT, sind in sich klar und verständlich für uns heutige Menschen in einem völlig anderen Kulturkreis. Und so halte ich es für unbedingt notwendig, dass die Predigt ohne Ausnahme diese drei Schrifttexte auslegt, erläutert, erklärt.

Es ist eine der großen theologischen Leistungen der frühen Kirche, dass sie es geschafft hat, in der Leseordnung die drei vorgeschriebenen Texte aufeinander zu beziehen, so dass es durchaus möglich ist, in einem weiten Bogen den einen Text mit dem anderen zu erklären, verständlicher zu machen. Gelingt dann noch die Aktualisierung auf die heutige Zeit und Lebenssituationen hin, darf man von einer gelungenen Predigt sprechen.

Unverständliche Lesungen nur vorzulesen, bringt nichts und führt nur dazu, dass biblische Texte als seltsam und irrelevant im Gedächtnis bleiben. Dann sollte man lieber auf eine der drei

Lesungen verzichten oder verbotenerweise durch einen verständlicheren Text ersetzen.

Sehr zu mehr Lebendigkeit im Gottesdienst beitragen würde es natürlich, wenn die Predigt keine Einbahnstraße wären, sondern dialogisch ablaufen würden. Hier könnten Methoden wie der Bibliolog hilfreich sein. Natürlich ist dabei ein langer Atem gefragt. Man kann nicht erwarten, dass das Volk Gottes, das jahrhundertelang gewohnt war, im Gottesdienst schweigen zu müssen, von heute auf morgen begeistert mitmacht.

Aber ich denke, es wäre ein fruchtbarer Weg zu mehr Beteiligung und Teilhabe am Wort Gottes.

Glaubensbekenntnis

Auch das Glaubensbekenntnis, so gut es ist, sich seinen Glauben immer wieder in Kurzform vor Augen zu halten, zu bekennen, sollte dem Sprachgebrauch der jeweiligen Zeit angepasst werden. So stimmt es sicher, dass mit dem Bekenntnis zur „katholischen Kirche" nicht die katholische Konfession gemeint ist, sondern die allumfassende Kirche über alle Konfessionen hinweg.

Aber was hilft es, wenn dies gemeint ist, ich mir aber sicher sein darf, dass 98% aller Katholiken an dieser Stelle an die konfessionell katholische Kirche (auch in Abgrenzung zu anderen Konfessionen) denken und eben nicht an alle christlichen Kirchen.

Man kann das auch hundert Mal erklären, es wird nichts ändern. Das gesprochene Wort „katholisch" ist in seiner Gleichsetzung wirkmächtiger. Hier hilft nur das Auswechseln dieses Begriffes gegen „christlich".

Ähnlich verhält es sich mit der „Jungfrau Maria". Auch wenn theologisch-wissenschaftlich klar ist, dass es hier nicht um biologische Jungfräulichkeit geht – wenn klar ist (hier erhöhe ich auf 99-100%), dass dies anders als gemeint verstanden wird, gehört es geändert.

Fürbitten

In den Fürbitten bitten wir Gott um seine Unterstützung und seinen Beistand. Das ist sicher gut und richtig. Allerdings sollte man genau überlegen, wofür man in einer von Naturgesetzen bestimmten Welt bitten kann. Um Kraft und Beistand sicher. Alle Bitten, die ein direktes Eingreifen Gottes zum Ziel haben, sind mit Vorsicht zu genießen. Wir sollten die Aufgaben der Nächstenliebe, die wir in der Nachfolge Jesu (mit Gottes Hilfe – siehe oben) als Christen haben, nicht an Gott zurückdelegieren.

Unsere Aufgabe ist es, den Hunger in der Welt zu bekämpfen, unsere Aufgabe, Vertriebenen, Heimatlosen, Ausländern, „Witwen und Waisen" zu ihrem Recht zu verhelfen und sie zu unterstützen. (Vgl. Jes 1,17). Unsere Aufgabe, nicht die Aufgabe Gottes!

Hochgebet – Geheimnis des Glaubens

Mit der Gabenbereitung und dem Hochgebet, von dem es mehrere Formulierungen gibt, beginnt das, was gemeinhin als Hauptteil des Gottesdienstes, als Eucharistiefeier im strengen Sinn verstanden wird.

Wie gesagt, gibt es verschiedene Hochgebete, die auch mit dem Opferbegriff unterschiedlich umgehen. Am Häufigsten ist im 1. Hochgebet vom Opfer, von der Opfergabe und der (dadurch bewirkten und notwendigen) Versöhnung die Rede: Zehn Mal kommen diese Begriffe dort vor. Zurückhaltender ist das 3. Hochgebet, aber auch dort beten wir noch vier Mal dafür, dass Gott unser Opfer annehmen möge, es ihm gefallen möge.

Dass die Feier des Gottesdienstes auch ohne den Opfergedanken möglich ist, zeigt die Didache, die sog. Zwölfapostellehre, die ungefähr aus dem Jahr 100 stammt und einen „Leitfaden" für das junge Christentum aufstellt und dabei auch die Feier der Eucharistie behandelt. Wir finden dort die Dankgebete über Brot und Wein, den Dank für Gemeinschaft und die Schöpfung und die Erlaubnis, dass die „Propheten" so viel danken dürfen wie sie möchten. Mit keinem Wort finden wir allerdings Überlegungen zur Sündhaftigkeit des Menschen, zu Schuld, Opfer und Vergebung.

Im Rahmen des Hochgebetes bekennen wir auch das „Geheimnis unseres Glaubens": Deinen Tod, o Herr, verkünden wir, und deine Auferstehung preisen wir, bis du kommst in Herrlichkeit". Ist das unser (ganzer) Glaube? Tod und Auferstehung Jesu? Hat er nicht auch gelebt? Drei Jahre lang gepredigt, gewirkt und Gottes Liebe verkündet und bezeugt? Welch eine furchtbare Engführung.

Unmittelbar vor der Kommunion finden wir dann auch noch das Bekenntnis, dass wir nicht würdig sind, diese überhaupt zu empfangen. Auch wenn ich es in einigen meiner anderen Bücher bereits ausgeführt habe, ich muss auch hier noch einmal darauf eingehen. Wir sind geschaffen als Ebenbild Gottes. Jesus hat uns durch seinen Opfertod (so zumindest die offizielle Theologie der Kirche) von unserer Schuld befreit. Und dann sind wir plötzlich wieder nicht würdig, in Gemeinschaft mit ihm einzutreten?

Hier wird meines Erachtens noch einmal in unangemessener Weise mit dem Thema Schuld umgegangen, denn genau dieser schale Geschmack bleibt. Trotz allen Bekennens, trotz aller Lossprechung und selbst angesichts des Opfertodes Jesu sind wir nicht würdig – entwürdigt dies nicht Gottes Liebesangebot und Jesu Leben und Sterben?

Wenn wir uns die Eucharistiefeier unvoreingenommen (so, als würden wir sie zum ersten Mal mitfeiern) anhören könnten, würde uns auffallen, dass Sünde, Schuld, Vergebung, Bitte eine wesentlich größere Rolle spielen als Dank und Freude.

Wenn wir uns in der Nachfolge des Judentums begreifen, wirbt Gott seit 3000 Jahren mit seiner Liebe um uns. Er hat uns aus Ägypten befreit, dem Sinnbild der Knechtschaft, Unfreiheit, er hat uns das Liebesangebot seines Sohnes gemacht, und alles, was uns dazu einfällt, ist: Schau nicht auf unsere Sünden, ...

Ich stelle mir dann oft vor, dass Gott sich denkt: Jetzt hört doch endlich mit diesem Gejammere....

Seltsam finde ich auch, dass während des Hochgebetes, wenn die Hostie und der Kelch gezeigt werden, das Volk kniet. Natürlich soll hier wieder die Verehrung ausgedrückt werden. Aber ist es menschlich nachzuvollziehen, ist es angemessen, zu knieen und damit den Blick automatisch zu senken, wenn einem etwas gezeigt wird?

Für mich ein weiterer Hinweis darauf, wie weit Liturgie und Leben sich voneinander entfernt haben.

Vater unser und Friedensgruß

Das Vater unser ist unser christliches Hauptgebet, da es direkt auf Jesus zurückgeht. Und so ist es gut und richtig, dass es seinen Platz im Gottesdienst hat. Warum allerdings die seit vielen Jahren übliche Endung „Denn dein ist das Reich ..." abgetrennt sein muss, erschließt sich mir nicht.

Leider begegnen wir auch im Vater unser wieder dem Auseinanderklaffen von theologischer Wissenschaft und Lehramt. Seit einigen Jahren ist klar, dass „und führe uns nicht in Versuchung" weder der Botschaft Jesu von Gott entspricht, noch dies die einzig mögliche oder beste Übersetzung ist. Warum tut sich das Lehramt so schwer damit, hier mit einer wirklich kleinen sprachlichen Veränderung „und führe uns in der Versuchung" ein wesentlich adäquateres Gottesbild in Sprache zu bringen?

Die Aufforderung, die Gemeinschaft im Friedensgruß – durch Handschlag, oder momentan in Coronazeiten durch freundliches Zunicken – zu bezeugen, trifft nicht bei jeder und jedem auf Begeisterung. Dabei ist sie Wesensmerkmal des Christentums und daher unverzichtbar.

Kommunion

Was jetzt folgt, sollte einer der Höhepunkte der Eucharistiefeier sein: Teilhabe an Jesus Christus durch seinen Leib und sein Blut. Was aber tatsächlich geschieht, kann ich nur als extreme Mangelwirtschaft bezeichnen.

Dies beginnt mit der Hostie, die das Brot des Abendmahles symbolisieren soll, das wiederum für Jesus steht. Warum – was erlaubt und jederzeit möglich wäre – kein „echtes" (ungesäuertes) Fladenbrot? Es würde den Mahlcharakter wenigstens ein wenig deutlicher machen.

Und es findet seine Fortsetzung im meist nicht stattfinden Trinken aus dem Kelch, obwohl wir in den Einsetzungsworten aufgefordert werden, „trinket alle daraus". So fördert man Schizophrenie, zeigt, dass in Glaube und der Liturgie Wort und Tat nicht zusammenstimmen (brauchen).

Beides erlaubt und jederzeit möglich. Wenn beides zum Beispiel bei Katholikentagen mit Tausenden von Teilnehmern geht, warum dann nicht im Gemeindegottesdienst mit wesentlich weniger Gläubigen?

Wenn schon kein Fladenbrot verwendet wird, könnte die Teilhabe am Leib Christi wenigstens dadurch zeichenhaft deutlich werden, indem jede und jeder Gläubige ein Teil der vom Priester gebrochenen (großen) Hostie erhält. Auch dies ist nur selten der Fall, stattdessen bekommt jede und jeder seinen „fertig portionierten" Anteil.

Die Mahlgemeinschaft könnte auch dadurch ausgedrückt werden, dass – je nach Größe der zur Verfügung stehenden Fläche – ein Teil der Gottesdienstbesucher gemeinsam im Kreis stehend Brot und Wein empfangen, bevor sie wieder auf ihren Platz zurück gehen und für die nächste Gruppe Platz machen.

Vielleicht dauert dadurch der Gottesdienst einige Minuten länger, aber die Erfahrung dessen, worum es eigentlich geht, wäre diese Minuten wert, finde ich.

Das Zeichen der Kommunion verliert auch dadurch an Kraft und Bedeutung, dass es zeitlich sehr weit entfernt ist von den Einsetzungsworten. Warum kann der Aufforderung, zu Essen und zu Trinken, nicht die Tat folgen? Warum soviel Einschub, der gut auch an anderer Stelle seinen Platz hätte?

Danksagung

Eucharistie heißt Danksagung. Von daher sollten unsere Gottesdienste hundert Mal fröhlicher sein. Dass sie es nicht sind, liegt zum Teil sicher auch wieder daran, dass wir für so schwerwiegende Dinge Dank sagen: Für den (Opfer)Tod Jesu, für die Erlösung.

Vielleicht wären unsere Gottesdienste „natürlicher", fröhlicher, wenn wir mehr für all das danken würden, was wir so selbstverständlich von Gott empfangen: Unsere Nahrung, die Luft zum Atmen, das Wasser, die Freude am Leben, die Menschen, die für uns da sind, die uns mögen.

Eine gute Richtschnur ist da sicherlich der weltberühmte Sonnengesang des Hl. Franziskus.

Und wenn wir uns darüber ausgiebig gefreut haben, können wir einen Schritt weitergehen und uns über die Erlösung freuen. Und diese Erlösung findet meiner Meinung nach nicht hauptsächlich am Kreuz statt, sondern vor allem im Leben Jesu. Er erlöst die Menschen, die mit ihm unterwegs sind, von ihren Ängsten, Vorurteilen und Beschränkungen. Und genau hier setzt wieder unsere Aufgabe der Nachfolge an.

Ich habe für das Titelbild dieses Bildes neben den nicht schwer zu verstehenden Elementen Brot, Wein und Gottesdienstraum bewusst auch die Luftballone gewählt, die auf den ersten Blick wohl wenig mit Gottesdienst zu tun haben. Aber dieses Bild stammt von einem Jugendgottesdienst (der Jugendwallfahrt in Vilsbiburg), in dem immer viel von der Freude am Feiern, am Danke sagen spürbar wird. Und das nicht vor allem, weil es halt ein Jugendgottesdienst ist – es sind dort genauso viele ältere und alte Teilnehmer vertreten – sondern weil sich viele Gedanken gemacht werden, wie man diese Freude am Leben ausdrücken kann. Und das Bild, als nach dem Gottesdienst als Zeichen dieser Freude 400 Luftballons in den Himmel stiegen, wird wohl keine/r der TeilnehmerInnen so schnell vergessen.

So steht dieses Bild für Freude, für Dank, aber auch für die Verbindung von Erde und Himmel – und darum geht es wohl doch vor allem im Gottesdienst wie auch in unserem Leben.

Segen

Wir sind Gesegnete und dürfen den Segen der Gegenwart Gottes voll Freude empfangen.

Auch hier ist aber wieder gut auf die Formulierung zu achten. Segen ist nichts, was „von oben" auf uns herabkommt, was uns vor Unheil schützt. Schon eher schützt er uns in Unheil und Leid, weil wir wissen dürfen, dass dies nicht das Letzte ist. Dass wir darüber hinaus zu einem Leben in Fülle berufen sind.

Bedenklich finde ich deshalb gerade auch den oft üblichen „Wettersegen": Gott, der allmächtige Vater, segne euch und schenke euch gedeihliches Wetter; er halte Blitz, Hagel und jedes Unheil von euch fern.

Glauben wir wirklich an einen „Wettergott"? Gehört es zum Aufgabenbereich unseres Gottes, Blitz und Hagel zu „machen" oder auch zu verhindern? Wissen wir nicht zu viel von den globalen Zusammenhängen des Wetters, um (noch) so beten zu können?

Liedauswahl

Das soeben gesagte gilt noch einmal in besonderer Weise bei der Auswahl der Lieder für den Gottesdienst. Die meisten unserer Lieder stammen aus lange zurückliegenden Jahrhunderten. Damit transportieren sie oft ein Welt- und auch Gottesbild, das dem unseren nicht mehr entspricht.

Und dann kann die Melodie noch so schön sein, das Lied noch so bekannt und gewohnt, es „passt" einfach nicht mehr. Und das „Schlimme" daran: Es ist eben nicht egal, was wir singen, weil alles, womit wir unser Gehirn beschäftigen, auch Spuren in unserem Gehirn und Denken hinterlässt, es prägt. Hinter diese Erkenntnisse der modernen Hirnforschung können wir einfach nicht zurück.

Nachträge

Ich möchte dieses Buch nutzen, Ergänzungen zu zwei meiner bereits erschienen Bücher anzufügen.

Gotteskindschaft durch die Taufe

Im Kapitel „Gotteskindschaft durch die Taufe" meines Buches „Irrwege und theologische Sackgassen der katholischen Kirche" ist mir ein Fehler unterlaufen, den ich an dieser Stelle gerne korrigiere: Ich schreibe dort: „Kind Gottes werden wir einzig und allein durch die Geburt." Natürlich ist ein Kind auch schon vor seiner Geburt Kind Gottes. Ab welchem Moment seiner Entstehung ist eine theologisch-moralethische Frage, die ja seit vielen Jahren intensiv und kontrovers diskutiert wird. Sicher aber vor der Geburt und auch vor dem 3. Monat der Schwangerschaft. Gut gefällt mir in diesem Zusammenhang die jüdische Ansicht, dass zur Entstehung eines Menschen drei Personen zusammenwirken müssen: Mutter, Vater und Gott. Von daher dürfen wir getrost von Anfang an von einem Kind Gottes sprechen – sicher nicht erst ab der Taufe.

Die Kirche lernt nichts dazu

Auch zu meinem Buch „Warum ich mich manchmal schäme, katholisch zu sein" habe ich leider eine aktuelle Ergänzung:

So geschehen im Sommer 2021: Ein Pfarrer, zu dessen Pfarrei eine Einrichtung mit zahlreichen Angestellten gehört, beschließt – gegen geltendes Arbeitsrecht und ohne mit den Angestellten vorher darüber zu reden – nicht genommene Urlaubstage auszubezahlen, um Überstundenaufbau durch Corona zu vermeiden. Zu diesem Zeitpunkt bestanden allerdings keinerlei Überstunden, d.h. es wurden Minusstunden aufgebaut.

Eine Beschwerde bei der in der Diözese dafür zuständigen Stelle brachte folgendes Ergebnis: Natürlich wären die Angestellten im Recht und gehe das so nicht, aber da der Pfarrer zum Herbst sowieso die Pfarrei wechsle, möge man doch Stillschweigen bewahren. Nach seinem Wechsel werde man das alles wieder regeln.

Das heißt: Der Pfarrer wird auf sein selbstherrliches Verhalten nicht aufmerksam gemacht, er wird nicht ermahnt, sanktioniert oder gar bestraft für sein Fehlverhalten, sondern wird weiterhin denken, er kann tun und lassen, was er will.

Die Rückendeckung durch die Diözese hat er jedenfalls und die Kirche glaubt offensichtlich noch immer, dass sie über weltlichem Recht steht und dieses umgehen darf.

Zu guter Letzt

Ich kann nur hoffen, dass es nicht so wirkt, also ginge es mir um Kritik um der Kritik willen. Ich glaube, dass die gottesdienstliche Gemeinschaft etwas ungeheuer Wertvolles ist. Und gerade deshalb sollte sie stimmig sein, sollte einladend und der Botschaft, die wir durch Jesus bekommen haben und der nachfolgen, gerecht werden.

Dazu ein paar Hinweise zu geben, war meine Absicht. Es wäre schön, wenn diese Hinweise keine Einbahnstraße darstellen würden, sondern Sie mir unter buchkritik3@online.de Ihre Meinung dazu mitteilen würden.

Denn auch das ist ein Manko unserer Gottesdienste – sie sind zu wenig auf Dialog ausgerichtet, sind eine Einbahnstraße vom Priester hin zum Volk, worunter auch viele Pfarrer leiden.

Danke sage ich auch wieder meiner Frau, die dieses Buch inhaltlich und auf Rechtschreibfehler durchgesehen hat und deren liturgisches Engagement mich mitträgt.

Weitere Bücher von Werner Ehlen

Gedanken durch das Jahr

Impulse, Texte, Überlegungen

von A wie Abwarten können bis

W wie Wunder.

ISBN 9-783-751-95601-7

108 S., Buch 5,99 €, E-Book 4,49 €

Geschichten vom Leben

Impulse und Überlegungen, verbun-

den mit Erfahrungen aus der Kran-

kenhausseelsorge

ISBN 9 783 752 62666 7

88 S., Buch 5,99 €, E-Book 4,49 €

Erlebnisse aus der Kranken-
haus- und Notfallseelsorge im
Kontext der Bibel betrachtet
Anhand konkreter Fallbeispiele
wird versucht, Leben und Bibel
zu verbinden
ISBN 9 783 75432 697 8
46 S., Buch 5,99 €, E-Book 3,99 €

Meine Perlen der Bibel
Anregungen, Impulse und Wis-
senswertes zu vielleicht auch
nicht ganz so bekannten Bibel-
stellen
ISBN 9 783 75267 153 7
56 S., Buch 5,99 €, E-Book 4,49 €

Warum ich mich manchmal schäme, katholisch zu sein – aber es noch immer bin

Eine Bilanz, was meines Erachtens in der kath. Kirche falsch läuft und warum sie trotzdem Sinngebend ist.

ISBN 9-783 75049 384 1

56 S., Buch 5,99 €, E-Book 3,99

Irrwege und theologische Sackgassen der kath. Kirche und Orientierung am Zentrum

Fortführung und Konkretisierung des Buches „Warum ich mich manchmal schäme..."

ISBN 9 783 75262 877 7

52 S., 5,99 €, E-Book 3,99 €

Elfchen

26 Bilder, in der Gedichtform der „Elfchen" meditativ betrachtet

ISBN 978 3 75195 320 7

55 S., Buch 10,99 €, E-Book 4,99 €

Glaube leicht gemacht – aber nicht light

Das Wesentliche des christlichen Glaubens wird ins Zentrum gerückt – und damit viel unnötiger Ballast abgeworfen

Ein Mut-mach-Buch!

ISBN 9-783-75199-948-9

28 S., Buch 3,99 €, E-Book 2,99 €

Alltägliche Bilder zum Staunen

Keine Hochglanzbilder, nichts Ungewöhnliches – aber trotzdem zum Staunen und Wundern

ISBN 9 783 75432 739 5, 132 Seiten mit 109 Bildern, Buch 14,99 €, E-Book 5,99 €